AF189380

Impressum
Verlag: BABADADA GmbH, Nedderfeld 112 , 22529 Hamburg
Geschäftsführer / Verlagsleitung: Harald Hof
Druck: Books on Demand GmbH, In de Tarpen 42, 22848 Norderstedt

Imprint
Publisher: BABADADA GmbH, Nedderfeld 112 , 22529 Hamburg, Germany
Managing Director / Publishing direction: Harald Hof
Print: Books on Demand GmbH, In de Tarpen 42, 22848 Norderstedt

məktəb

school

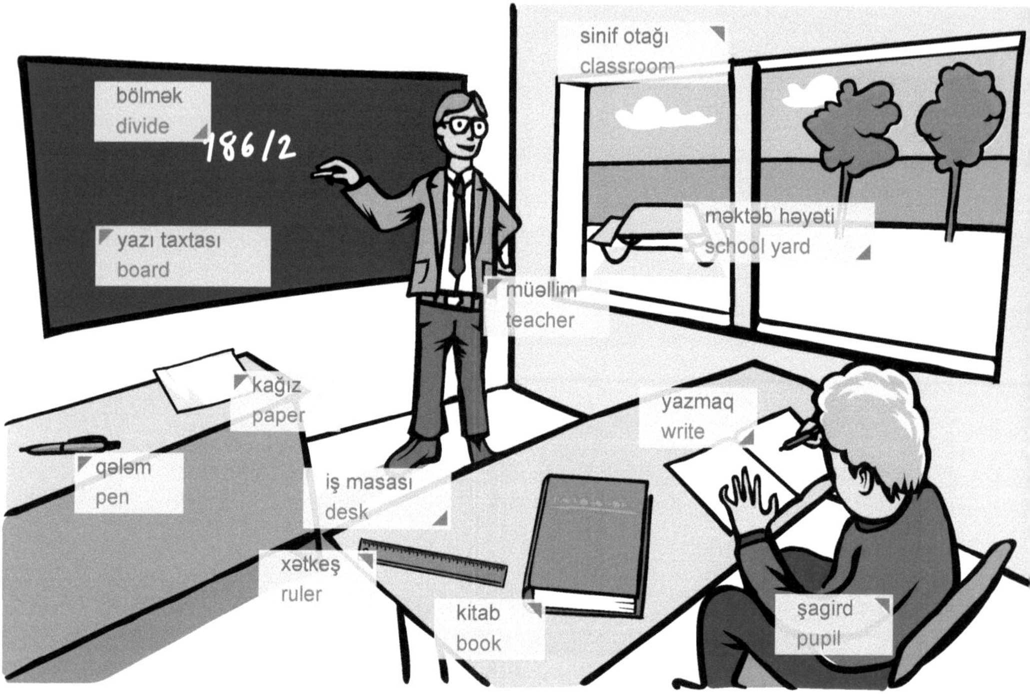

sinif otağı
classroom
bölmək
divide
186/2
yazı taxtası
board
məktəb həyəti
school yard
müəllim
teacher
kağız
paper
yazmaq
write
qələm
pen
iş masası
desk
xətkeş
ruler
kitab
book
şagird
pupil

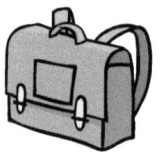

məktəbli çantası

satchel

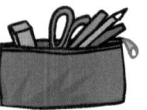

karandaş qabı

pencil case

karandaş

pencil

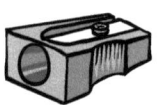

karandaş yonan

pencil sharpener

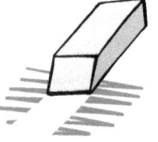

pozan

rubber

rəsm albomu

drawing pad

rəsm

drawing

boya fırçası

paintbrush

boya qutusu

paint box

qayçı

scissors

yapışdırıcı

glue

dəftər

exercise book

ev tapşırığı

homework

say

number

əlavə etmək

add

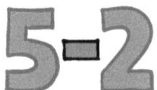

çıxmaq

subtract

vurmaq

multiply

hesablamaq

calculate

hərf

letter

əlifba

alphabet

söz

word

mətn

text

oxumaq

read

tabaşir

chalk

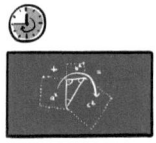

dərs

lesson

sinif jurnalı

register

imtahan

examination

təhsil haqqında sənəd

certificate

məktəb uniforması

school uniform

təhsil

education

ensiklopediya

encyclopedia

universitet

university

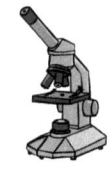

mikroskop

microscope

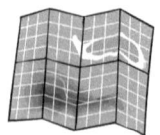

xəritə

map

zibil qutusu

waste-paper basket

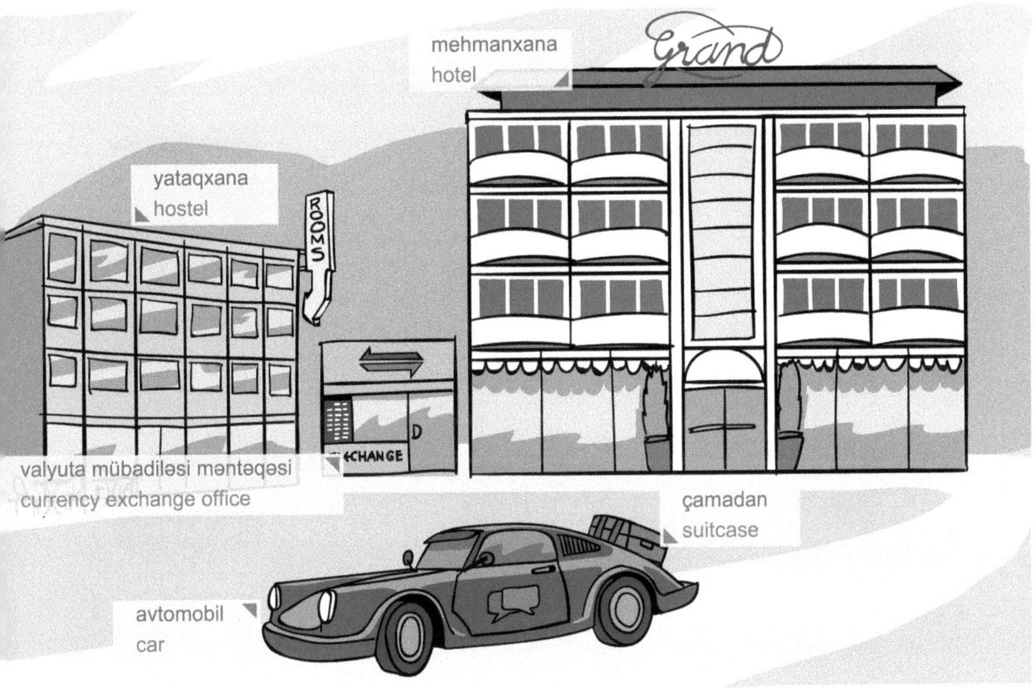

mehmanxana
hotel
Grand
yataqxana
hostel
ROOMS
EXCHANGE
valyuta mübadiləsi məntəqəsi
currency exchange office
çamadan
suitcase
avtomobil
car

dil

language

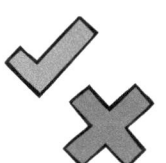

bəli/xeyr

yes / no

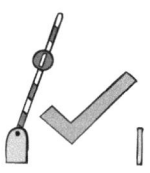

oldu

Okay

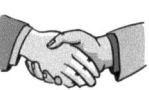

salam

hello

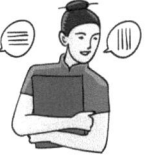

tərcüməçi

translator

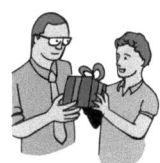

Təşəkkür edirəm

Thank you

giyməti nə qədərdir ...?

how much is…?

mən başa düşmürəm

I don´t get it

problem

problem

Axşamınız xeyir!

Good evening!

Sabahınız xeyir!

Good morning!

Gecəniz xeyrə galsin!

Good night!

hələlik

goodbye

istiqamət

direction

baqaj

luggage

torba

bag

kürək çantası

backpack

qonaq

guest

otaq

room

yataq-çuval

sleeping bag

çadır

tent

turistlər üçün məlumat

tourist information

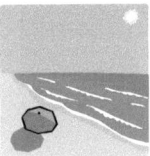

çimərlik

beach

kredit kartı

credit card

səhər yeməyi

breakfast

günorta yeməyi

lunch

nahar yeməyi

dinner

bilet

Ticket

lift

elevator

poçt markası

stamp

sərhəd

border

gömrük

customs

səfirlik

embassy

viza

visa

pasport

passport

səyahət - travel

nəqliyyat
transport

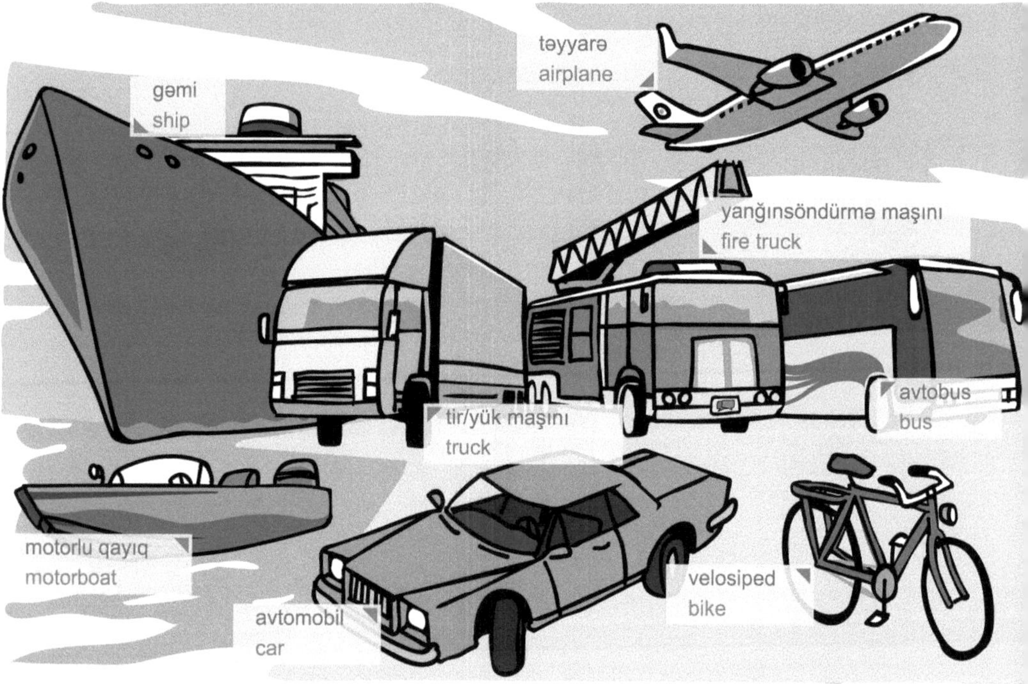

təyyarə
airplane
gəmi
ship
yanğınsöndürmə maşını
fire truck
avtobus
bus
tir/yük maşını
truck
motorlu qayıq
motorboat
velosiped
bike
avtomobil
car

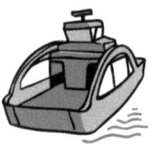

bərə

ferry

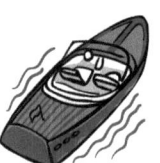

qayıq

boat

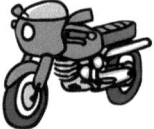

motosiklet

motorbike

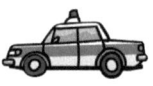

polis avtomobili

police car

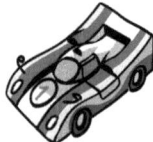

yarış avtomobili

racing car

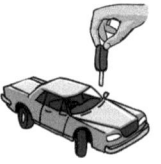

icarə avtomobili

rental car

avtomobil icarəsi

car sharing

texniki yardım maşını

tow truck

zibil maşını

garbage truck

mühərrik

engine

yanacaq

fuel

benzin doldurma məntəqəsi

fuel station

yol nişanı

traffic sign

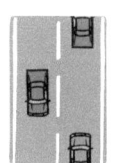

yol hərəkəti

traffic

tıxac

traffic jam

avtomobil dayanacağı

parking lot

dəmir yolu stansiyası

train station

dəmiryol

tracks

qatar

train

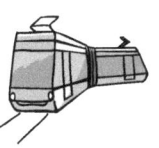

tramvay

tram

vaqon

wagon

helikopter

helicopter

hava limanı

airport

qüllə

tower

sərnişin

passenger

konteyner

container

karton qutu

carton

əl arabası

cart

səbət

basket

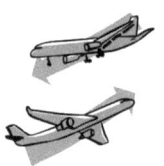

qalxmaq / enmək

take off / land

şəhər

city

kənd

village

şəhər mərkəzi

city center

ev

house

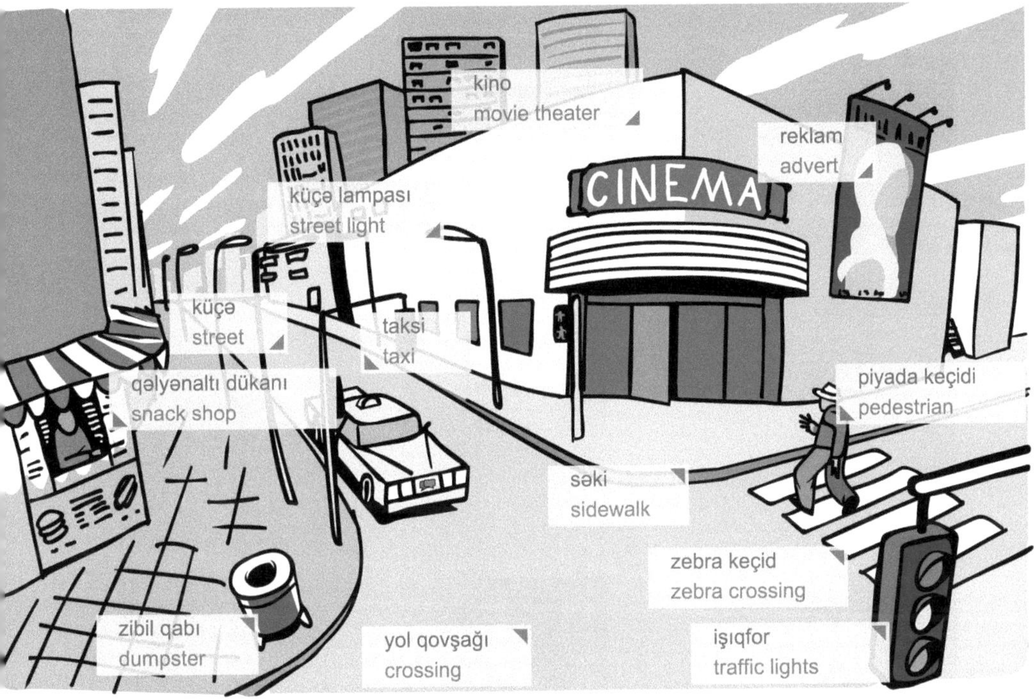

kino
movie theater

reklam
advert

küçə lampası
street light

küçə
street

taksi
taxi

qəlyənaltı dükanı
snack shop

piyada keçidi
pedestrian

səki
sidewalk

zebra keçid
zebra crossing

zibil qabı
dumpster

yol qovşağı
crossing

işıqfor
traffic lights

CINEMA

daxma
hut

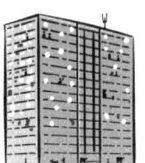

mənzil
apartment

dəmir yolu stansiyası
train station

bələdiyyə binası
city hall

muzey
museum

məktəb
school

şəhər - city

universitet

university

bank

bank

xəstəxana

hospital

mehmanxana

hotel

aptek

pharmacy

ofis

office

kitab dükkanı

book shop

dükan

shop

çiçək dükanı

flower shop

supermarket

supermarket

bazar

market

univermaq

department store

balıq satıcısı

fishmonger's shop

ticarət mərkəzi

mall

liman

harbor

şəhər - city

park

park

oturacaq

bench

körpü

bridge

pilləkən

stairs

metro

subway

tunel

tunnel

avtobus dayanacağı

bus stop

bar

bar

restoran

restaurant

poçt qutusu

postbox

küçə nişanı

street sign

parkinq sayğacı

parking meter

zoopark

zoo

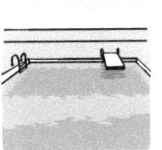

üzgüçülük hovuzu

swimming pool

məscid

mosque

şəhər - city

ferma

farm

ətraf mühitin çirklənməsi

pollution

məzarlıq

cemetery

kilsə

church

oyun meydançası

playground

məbəd

temple

mənzərə
landscape

yarpaq
leaf

yol nişanı
signpost

yol
path

çəmən
meadow

daş
stone

piyada səyyah
hiker

ağac
tree

çay
river

ot
grass

gül
flower

vadi

valley

təpə

hill

göl

lake

meşə

forest

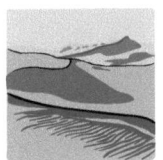

səhra

desert

vulkan

volcano

qəsr

castle

göy qurşağı

rainbow

göbələk

mushroom

palma

palm tree

ağcaqanad

mosquito

milçək

fly

qarışqa

ant

arı

bee

hörümçək

spider

böcək
beetle

qurbağa
frog

dələ
squirrel

kirpi
hedgehog

dovşan
hare

bayquş
owl

quş
bird

qu quşu
swan

qaban
boar

maral
deer

sığın
moose

su bəndi
dam

külək turbini
wind turbine

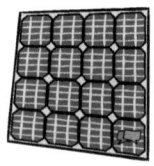

günəş batareyası
solar panel

iqlim
climate

restoran
restaurant

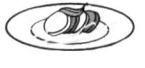

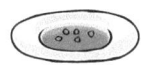

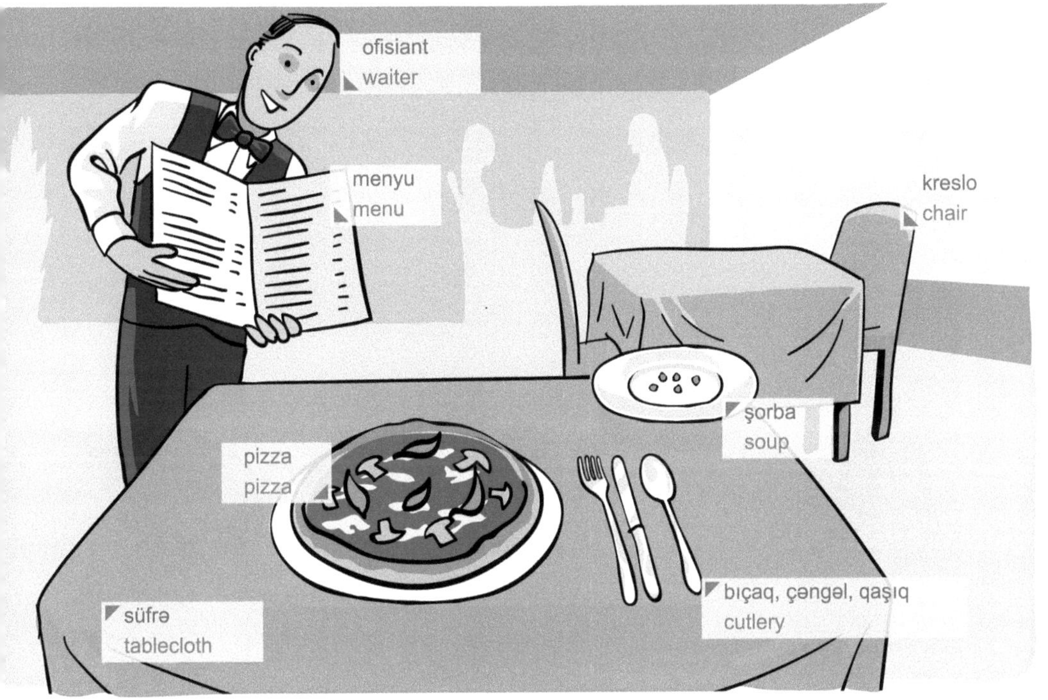

ofisiant
waiter
menyu
menu
kreslo
chair
şorba
soup
pizza
pizza
süfrə
tablecloth
bıçaq, çəngəl, qaşıq
cutlery

məzə

starter

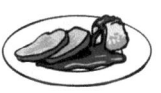

əsas yemək

main course

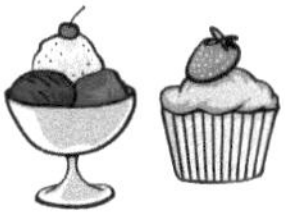

desert

dessert

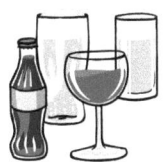

içkilər

drinks

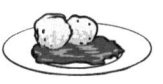

yemək

food

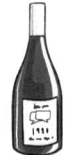

şüşə

bottle

fast food

fast food

küçə yeməkləri

street food

çaynik

teapot

qəndqabı

sugar bowl

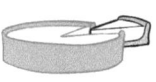

pay

portion

espresso maşını

espresso machine

hündür uşaq kreslosu

high chair

faktura

bill

nimçə

tray

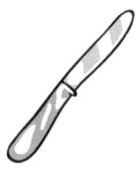

bıçaq

knife

çəngəl

fork

qaşıq

spoon

çay qaşığı

teaspoon

salfet

serviette

şüşə

glass

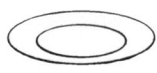

boşqab

plate

şorba boşqabı

soup plate

nəlbəki

saucer

sous

sauce

duz qabı

salt shaker

biberüyüdən

pepper mill

sirkə

vinegar

duru yağ

oil

ədviyyat

spices

ketçup

ketchup

xardal

mustard

mayonez

mayonnaise

supermarket
supermarket

xüsusi təklif
special offer
FOR
müştəri
customer
süd məhsulları
dairy products
meyvə
fruit
alış-veriş arabası
shopping cart

BUTCHERS

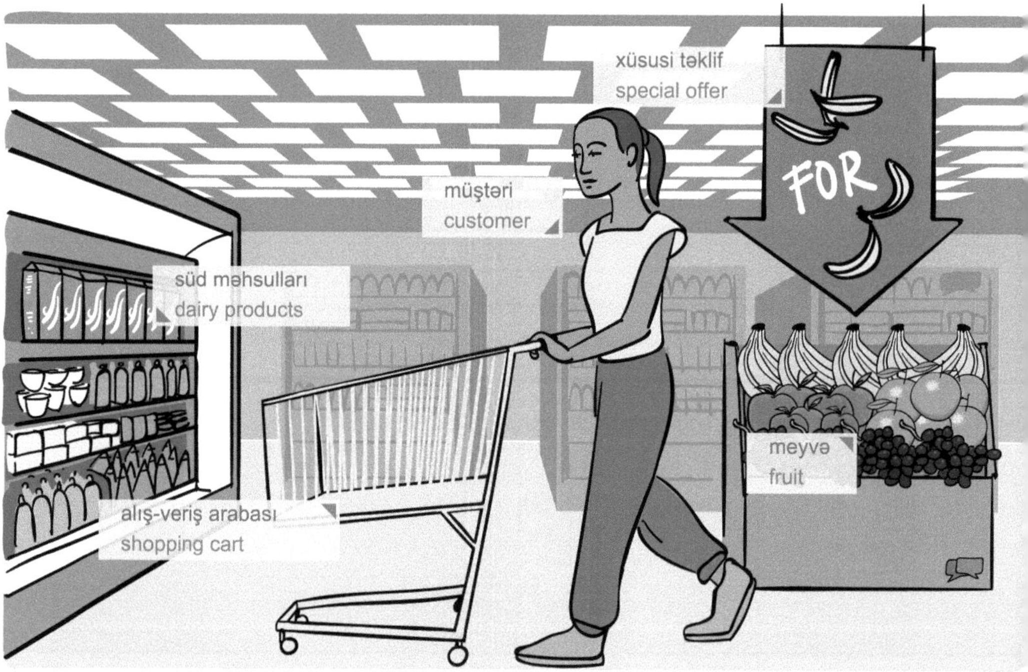

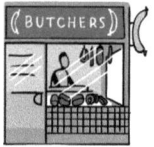

qəssab dükanı

butcher's shop

BAKERY

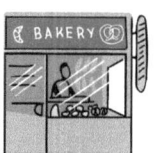

çörəkçi

bakery

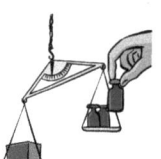

çəkmək

weigh

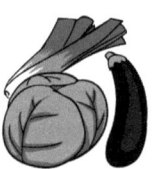

tərəvəz

vegetables

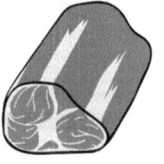

ət

meat

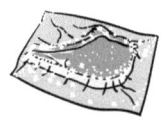

dondurulmuş qida

frozen food

soyuq ət yeməyi

cold cuts

konservləşdirilmiş qida

canned food

yuyucu toz

detergent

şirniyyat

candy

təsərrüfat malları

household products

yuyucu vasitələr

cleaning products

satıcı

sales representative

kassa

cash register

kassir

cashier

alış-veriş siyahısı

shopping list

iş saatları

opening hours

pul kisəsi

wallet

kredit kartı

credit card

torba

bag

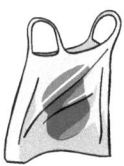

plastik torba

plastic bag

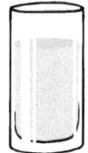

su

water

şirə

juice

süd

milk

cola

coke

şərab

wine

pivə

beer

alkoqollu içkilər

alcohol

kakao

cocoa

çay

tea

qəhvə

coffee

espresso

espresso

kapuçino

cappuccino

banan

banana

alma

apple

portağal

orange

yemiş

melon

limon

lemon

yerkökü

carrot

sarımsaq

garlic

bambuq

bamboo

soğan

onion

göbələk

mushroom

qoz-fındıq

nuts

əriştə

noodles

spagetti
spaghetti

düyü
rice

salat
salad

cips
fries

qızardılmış kartof
fried potatoes

pizza
pizza

hamburger
hamburger

sandviç
sandwich

eskalop
escalope

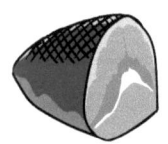

hisə verilmiş donuz əti
ham

salyami
salami

kolbasa
sausage

toyuq
chicken

qızardılmış ət tikəsi
roast

balıq
fish

yemək - food

yulaf yarması

porridge oats

müsli

muesli

partlaq qarğıdalı

cornflakes

un

flour

kruassan

croissant

bulka

bread roll

çörək

bread

tost

toast

peçenye

cookies

kərə yağı

butter

kəsmik

curd

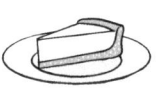

tort

cake

yumurta

egg

qayğanaq

fried egg

pendir

cheese

yemək - food

dondurma

ice cream

şəkər

sugar

bal

honey

mürəbbə

jelly

şokolad pastası

nougat cream

köri

curry

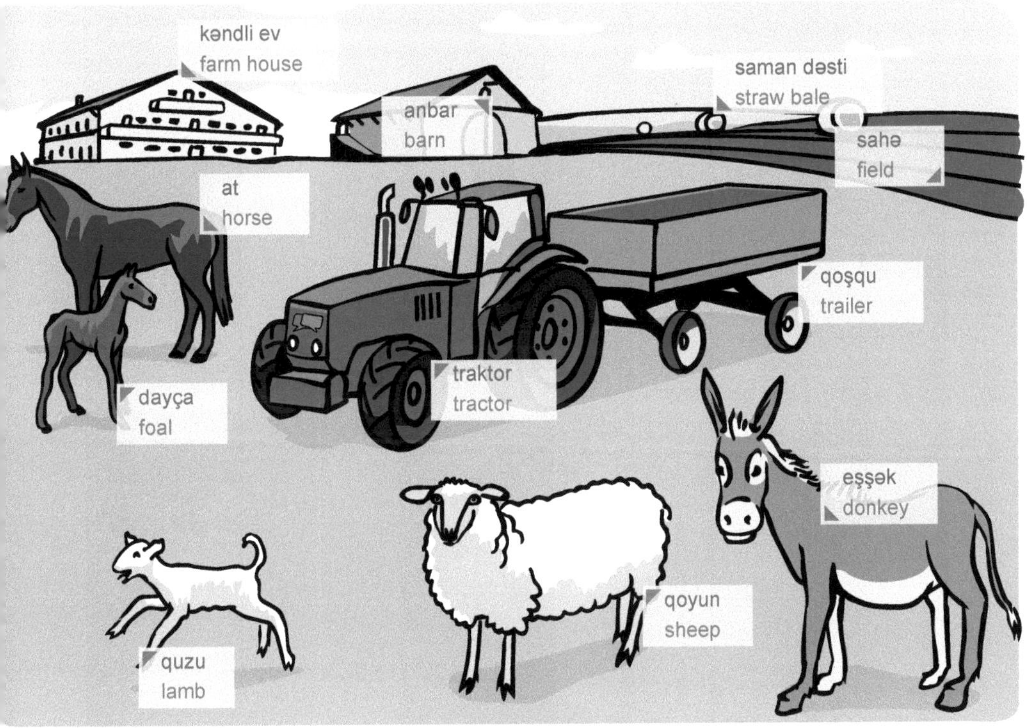

kəndli ev
farm house

anbar
barn

saman dəsti
straw bale

sahə
field

at
horse

qoşqu
trailer

dayça
foal

traktor
tractor

eşşək
donkey

quzu
lamb

qoyun
sheep

keçi
goat

inək
cow

dana
calf

donuz
pig

donuz balası
piglet

öküz
bull

qaz

goose

ördək

duck

cücə

chick

toyuq

hen

xoruz

cockerel

siçovul

rat

pişik

cat

siçan

mouse

öküz

ox

it

dog

itdamı

dog house

bağ şlanqı

garden hose

susəpən

watering can

dəryaz

scythe

kotan

plow

oraq

sickle

kətman

hoe

yaba

pitchfork

balta

axe

əl arabası

pushcart

çalov

trough

süd bidonu

milk can

çuval

sack

çəpər

fence

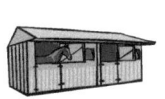

tövlə

stable

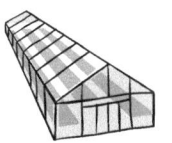

istixana

greenhouse

torpaq

soil

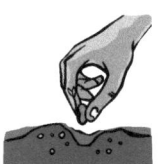

toxum

seed

gübrə

fertilizer

taxılbiçən kombayn

combine harvester

məhsul yığmaq

harvest

məhsul yığımı

harvest

yam

yams

buğda

wheat

soya

soya

kartof

potato

dən

corn

raps

rapeseed

meyvə ağacı

fruit tree

maniok

manioc

yarma

grain

ev

house

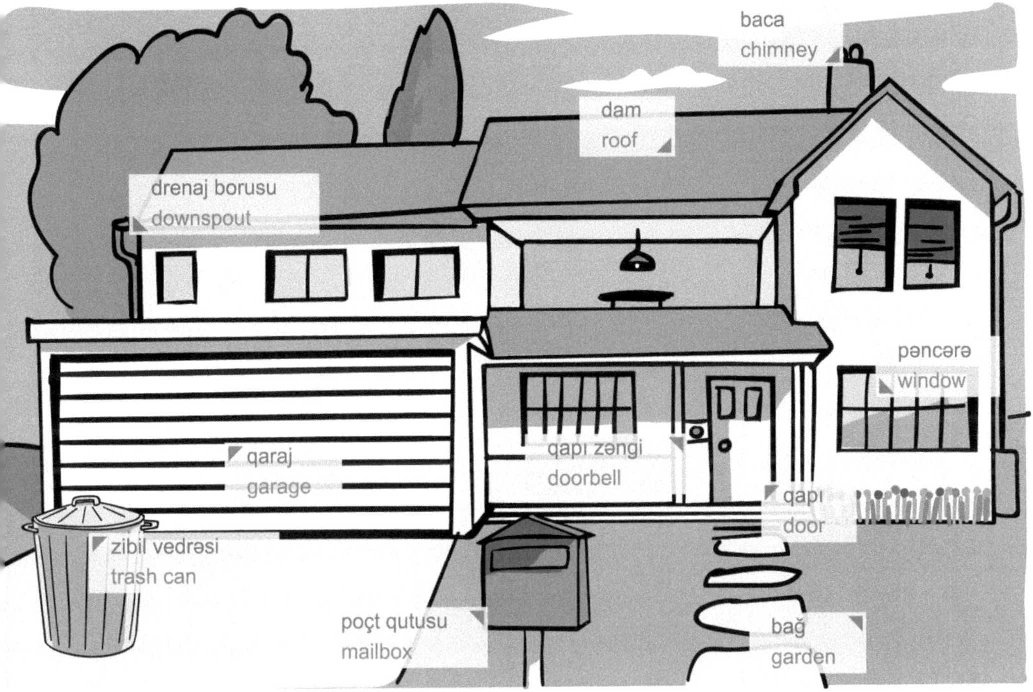
baca
chimney
dam
roof
drenaj borusu
downspout
pəncərə
window
qaraj
garage
qapı zəngi
doorbell
qapı
door
zibil vedrəsi
trash can
poçt qutusu
mailbox
bağ
garden

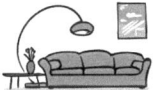

qonaq otağı

living room

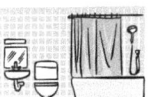

hamam otağı

bathroom

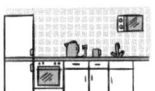

mətbəx

kitchen

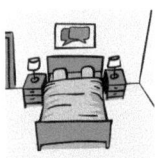

yataq otağı

bedroom

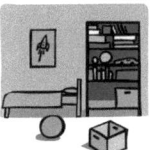

uşaq otaqı

kids room

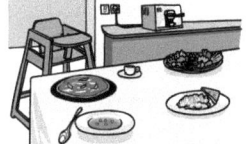

yemək otağı

dining room

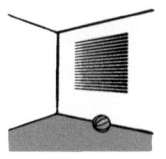

döşəmə

floor

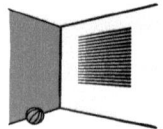

divar

wall

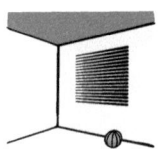

tavan

ceiling

zirzəmi

cellar

sauna

sauna

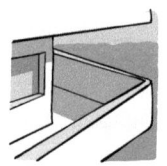

balkon

balcony

terras

terrace

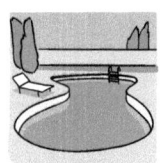

üzgüçülük hovuzu

pool

otbiçən maşın

lawn mower

mələfə

sheet

yataq örtüyü

bedspread

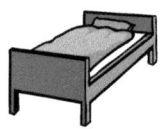

yataq

bed

süpürgə

broom

vedrə

bucket

elektrik açarı

switch

qonaq otağı
living room

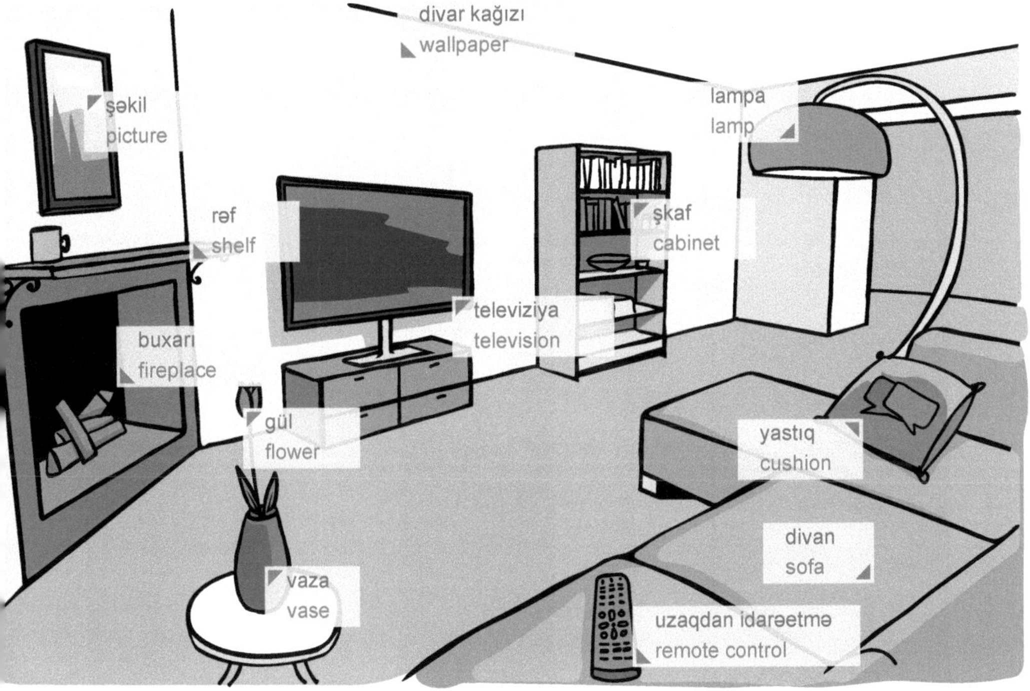

divar kağızı
wallpaper
şəkil
picture
lampa
lamp
rəf
shelf
şkaf
cabinet
televiziya
television
buxarı
fireplace
gül
flower
yastıq
cushion
divan
sofa
vaza
vase
uzaqdan idarəetmə
remote control

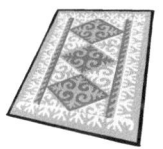

xalça
carpet

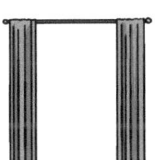

pərdə
drape

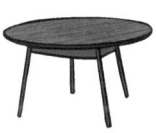

masa
table

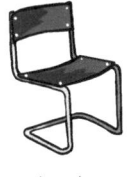

kreslo
chair

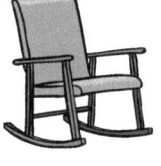

yırğalanan stul
rocking chair

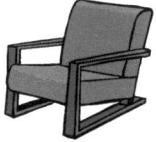

kreslo
armchair

kitab

book

yorğan

blanket

bəzək

decoration

odun

firewood

film

film

stereo səs sistemi

stereo system

açar

key

qəzet

newspaper

rəsm əsəri

painting

plakat

poster

radio

radio

bloknot

notebook

tozsoran

vacuum cleaner

kaktus

cactus

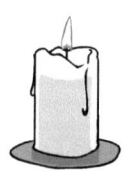

şam

candle

mətbəx
kitchen

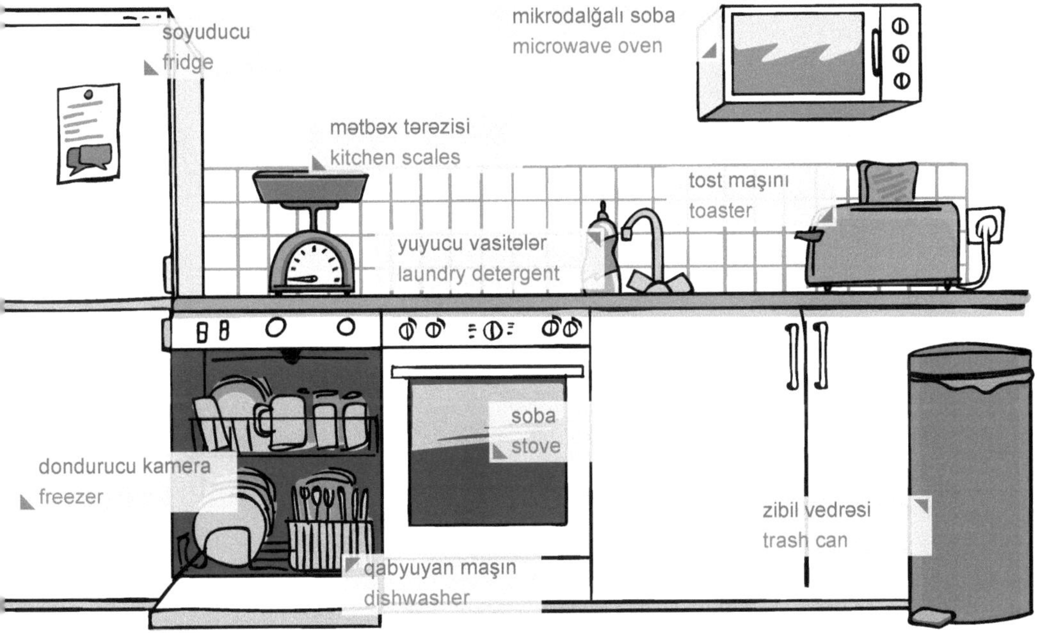

soyuducu
fridge
mikrodalğalı soba
microwave oven
mətbəx tərəzisi
kitchen scales
tost maşını
toaster
yuyucu vasitələr
laundry detergent
soba
stove
dondurucu kamera
freezer
zibil vedrəsi
trash can
qabyuyan maşın
dishwasher

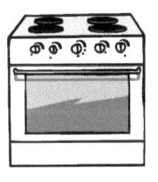

soba
cooker

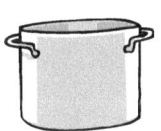

qazan
pot

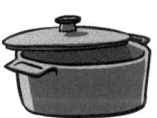

çuqun qazan
cast-iron pot

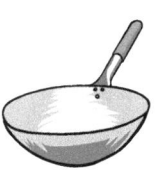

vok / kadai
wok / kadai

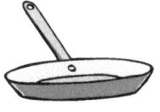

tava
pan

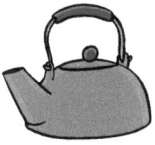

çaydan
kettle

buxar qazanı

steamer

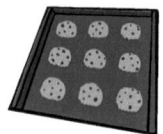

sac

baking tray

qab

crockery

fincan

mug

ləyən

bowl

yemək üçün çubuqlar

chopsticks

çömçə

ladle

spatula

spatula

çırpıcı

whisk

süzgəc

strainer

ələk

sieve

sürtgəc

grater

həvəngdəstə

mortar

barbekyu

barbecue

ocaq

fireplace

doğrama taxtası

chopping board

oxlov

rolling pin

probkaçıxaran

corkscrew

banka

can

bankaağzıaçan

can opener

qabtutan

oven cloth

əl üz yuyan

sink

fırça

brush

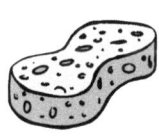

süngər

sponge

blender

blender

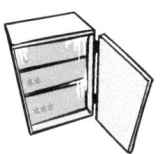

dondurucu

deep freezer

körpə şüşəsi

baby bottle

kran

tap

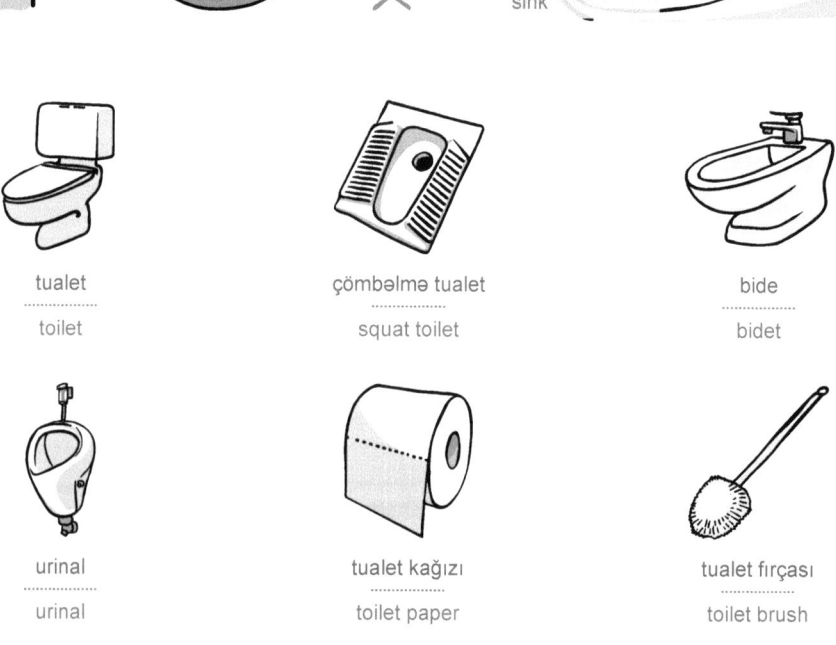

hamam otağı

bathroom

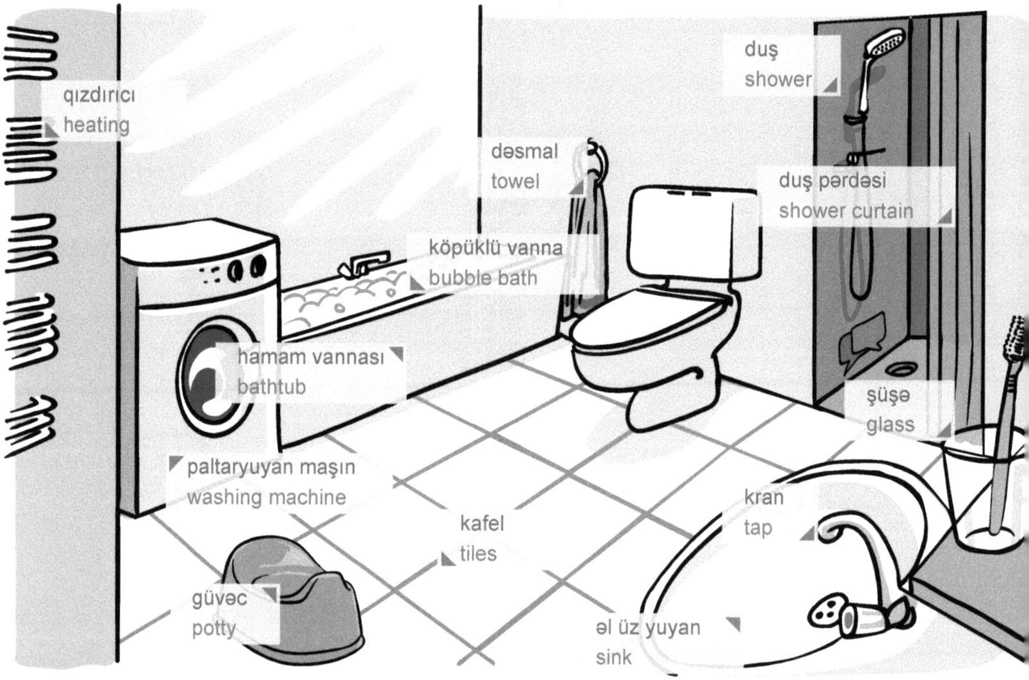

qızdırıcı
heating
dəsmal
towel
duş
shower
duş pərdəsi
shower curtain
köpüklü vanna
bubble bath
hamam vannası
bathtub
şüşə
glass
paltaryuyan maşın
washing machine
kran
tap
kafel
tiles
güvəc
potty
əl üz yuyan
sink

tualet

toilet

çömbəlmə tualet

squat toilet

bide

bidet

urinal

urinal

tualet kağızı

toilet paper

tualet fırçası

toilet brush

diş fırçası

toothbrush

diş pastası

toothpaste

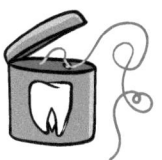

diş ipi

dental floss

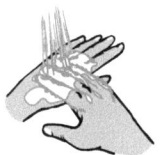

yumaq

wash

əl duşu

hand shower

intim duş

douche

taz

basin

bel fırçası

back brush

sabun

soap

duş üçün gel

shower gel

şampun

shampoo

əsgi

flannel

drenaj

drain

krem

creme

dezodorant

deodorant

güzgü

mirror

əl güzgüsü

hand mirror

ülgüc

razor

üz qırxmaq üçün köpük

shaving foam

təraşdan sonra su

aftershave

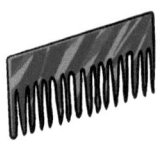

daraq

comb

fırça

brush

fen

hair-dryer

saç spreyi

hairspray

makiyaj

makeup

dodaq boyası

lipstick

dırnaq lakı

nail varnish

pambıq

cotton wool

dırnaq qayçısı

nail scissors

ətir

perfume

gigiyenik torba

washbag

kətil

stool

tərəzi

weighing scales

hamam xalatı

bathrobe

rezin əlcək

rubber gloves

tampon

tampon

gigiyenik salfet

sanitary towel

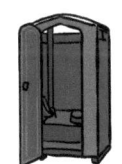

kimyəvi tualet

chemical toilet

uşaq otaqı
kids room

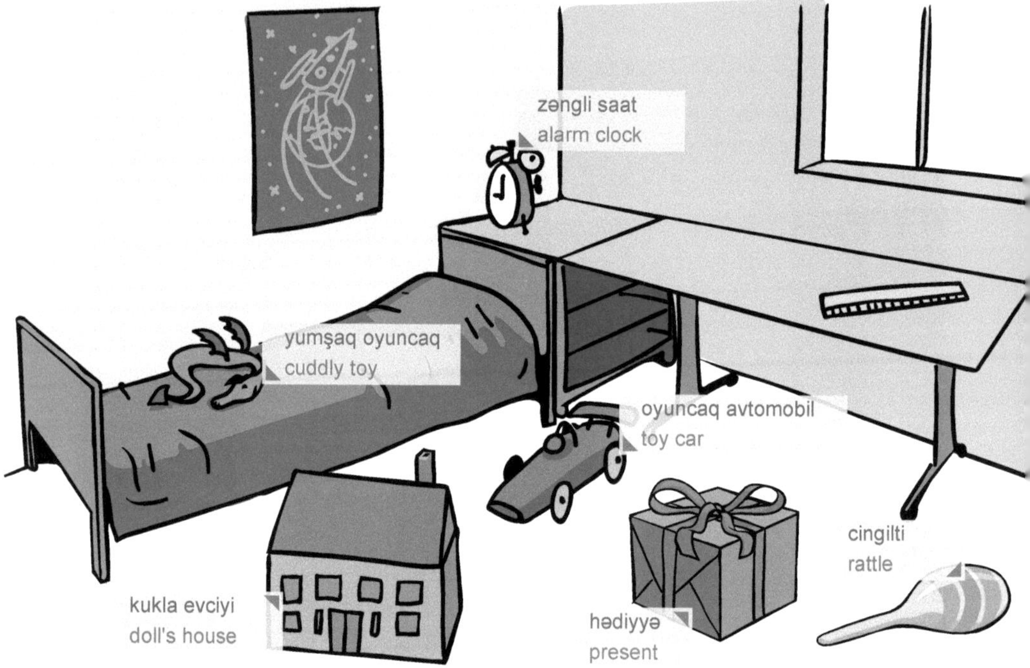
zəngli saat
alarm clock
yumşaq oyuncaq
cuddly toy
oyuncaq avtomobil
toy car
cingilti
rattle
kukla evciyi
doll's house
hədiyyə
present

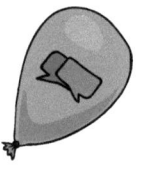

balon
balloon

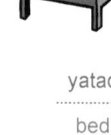

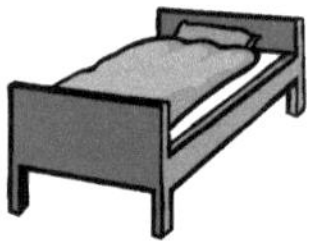
yataq
bed

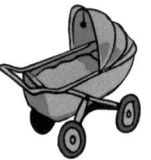

uşaq arabası
stroller

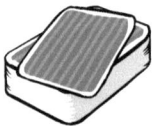

kart dəsti
deck of cards

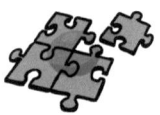

elektrik mişarı
jigsaw

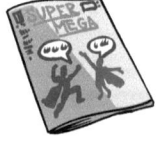

komik
comic

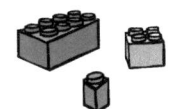

leqo kərpici

lego bricks

konstruktor blokları

toy blocks

oyuncaq-personaj

action figure

yeni doğulmuş körpələr
üçün geyimi

romper suit

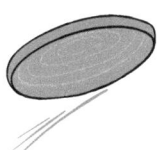

frisbi

frisbee

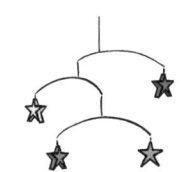

yataq üstünə asılan körpə
oyuncağı

mobile

masaüstü oyun

board game

zər

dice

oyuncaq qatar

model train set

emzik

pacifier

qonaqlıq

party

rəsmli kitab

picture book

top

ball

kukla

doll

oynamaq

play

qum qutusu

sandpit

yelləncək

swing

oyuncaqlar

toys

video oyun konsolu

video game console

üç təkərli velosiped

tricycle

plüşdən hazırlanmış
oyuncaq ayı

teddy bear

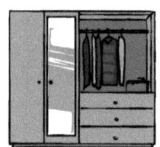

şkaf

wardrobe

geyim

clothing

corab

socks

corab

stockings

kalqotka

tights

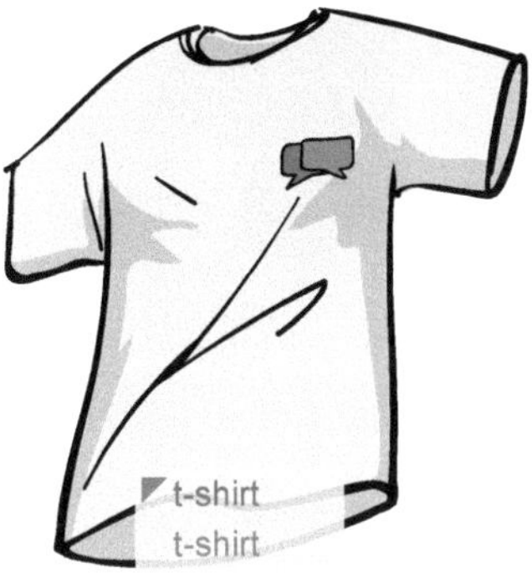

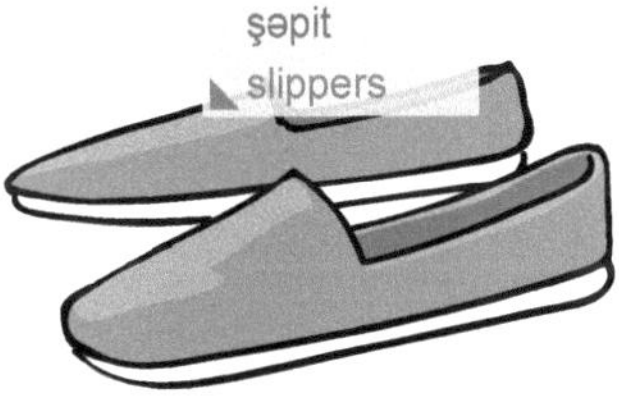

kaşne
scarf

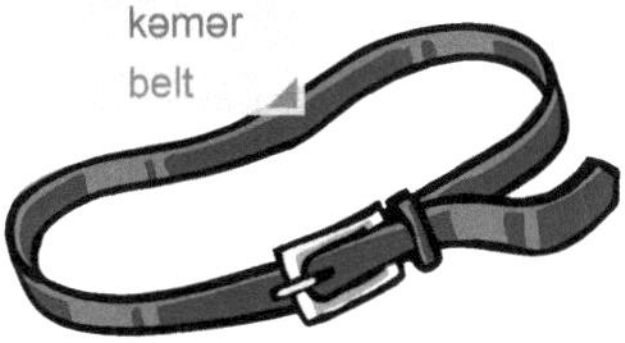

çətir
umbrella

belt
kəmər

t-shirt
t-shirt

çəkmə
boots

şəpit
slippers

idman ayaqqabısı
sneakers

sandallar
....
sandals

ayaqqabı
....
shoes

rezin çəkmələr
....
rubber boots

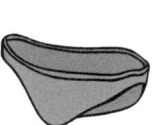

dizlik
....
underwear

lifçik
....
bra

alt köynəyi
....
undershirt

geyim - clothing

45

alt paltarı

body

şalvar

pants

cins

jeans

yubka

skirt

bluza

blouse

köynək

shirt

sviter

pullover

başlıqlı idman gödəkçəsi

sweater

gödəkçə

blazer

gödəkcə

jacket

pencək

coat

plaş

raincoat

kostyum

costume

paltar

dress

gəlin paltarı

wedding dress

kostyum

suit

gecə köynəyi

nightgown

pijama

pajamas

sari

sari

hicab / eşarp

headscarf

çalma

turban

burka

burka

kaftan

kaftan

abaya

abaya

çimərlik geyimi

swimsuit

tumuş

trunks

şort

shorts

məşq kostyumu

tracksuit

önlük

apron

əlcək

gloves

düymə

button

eynək

glasses

bilərzik

bracelet

boyunbağı

necklace

üzük

ring

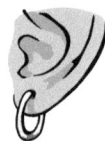

sırğa

earring

papaq

cap

asılqan

coat hanger

papaq

hat

qalstuk

tie

zəncirbənd

zip

dəbilqə

helmet

aşırma

braces

məktəb uniforması

school uniform

uniforma

uniform

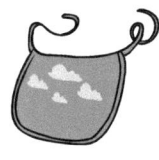

döşlük

bib

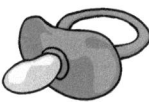

emzik

pacifier

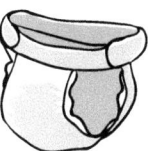

körpə bezi

diaper

ofis
office

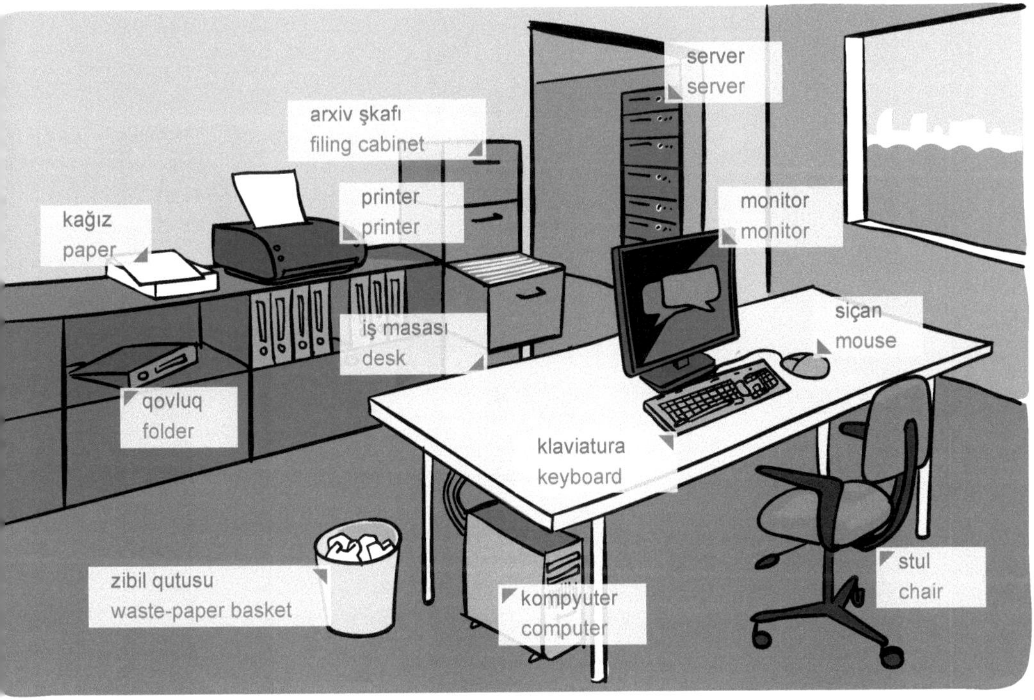

server
server
arxiv şkafı
filing cabinet
printer
printer
monitor
monitor
kağız
paper
siçan
mouse
iş masası
desk
qovluq
folder
klaviatura
keyboard
stul
chair
zibil qutusu
waste-paper basket
kompyuter
computer

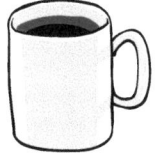

qəhvə fincanı

coffee mug

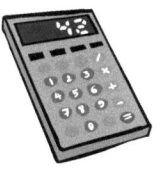

kalkulyator

calculator

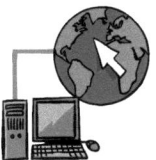

internet

internet

laptop
laptop

məktub
letter

mesaj
message

mobil telefon
cell phone

şəbəkə
network

surətçıxaran maşın
photocopier

proqram təminatı
software

telefon
telephone

ştepsel
plug socket

faks
fax machine

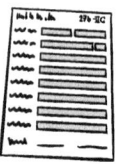

forma
form

sənəd
document

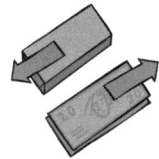

satın almaq

buy

ödəmək

pay

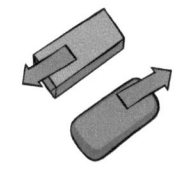

alverlə məşğul olmaq

trade

pul

money

USD

dollar

dollar

EUR

avro

euro

JPY

yen

yen

RUB

rubl

rouble

CHF

frank

Swiss franc

CNY

renminbi yuan

renminbi yuan

INR

rupi

rupee

bankomat

cash point

valyuta mübadiləsi
məntəqəsi

currency exchange office

qızıl

gold

gümüş

silver

neft

oil

enerji

energy

qiymət

price

müqavilə

contract

vergi

tax

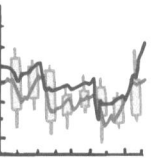

səhm

stock

işləmək

work

işçi

employee

işəgötürən

employer

fabrik

factory

dükan

shop

peşə
occupations

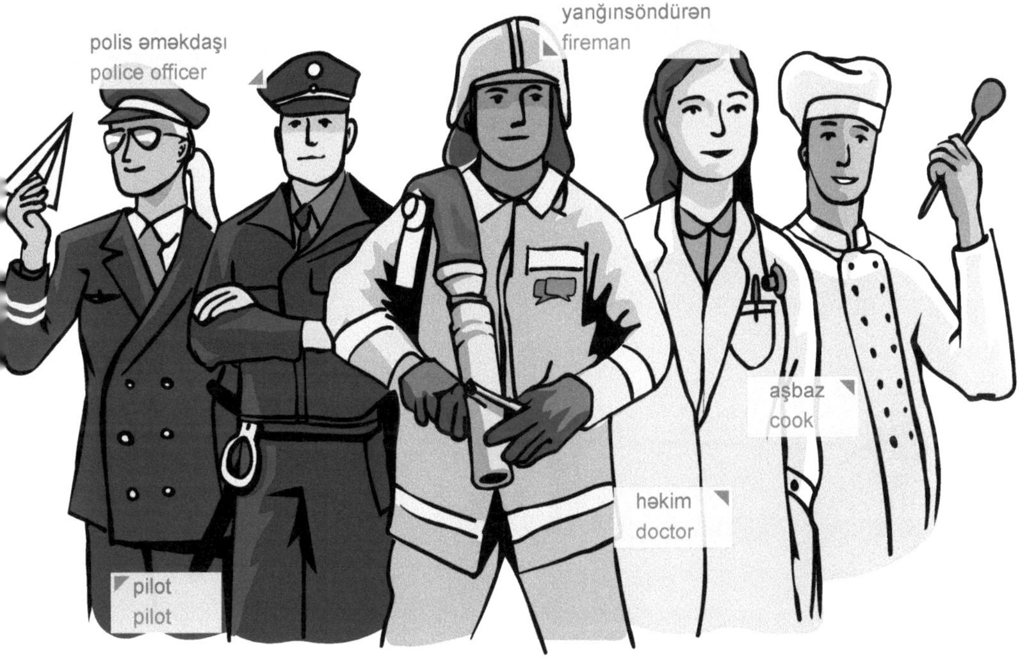
polis əməkdaşı
police officer
yanğınsöndürən
fireman
aşbaz
cook
həkim
doctor
pilot
pilot

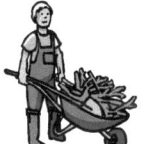

bağban
....
gardener

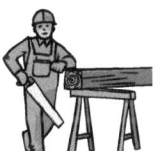

dülgər
....
carpenter

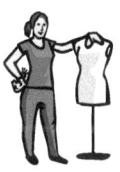

dərzi
....
seamstress

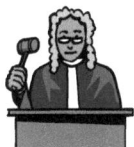

hakim
....
judge

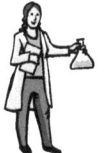

kimyaçı
....
chemist

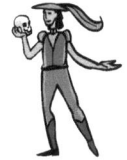

aktyor
....
actor

avtobus sürücüsü

bus driver

taksi sürücüsü

taxi driver

balıqçı

fisherman

xadimə

cleaning lady

dam işçisi

roofer

ofisiant

waiter

ovçu

hunter

rəssam

painter

çörəkçi

baker

elektrik ustası

electrician

inşaat işçisi

builder

mühəndis

engineer

qəssab

butcher

santexnik

plumber

poçtalyon

postman

əsgər
soldier

memar
architect

kassir
cashier

gül-çiçək satıcısı
florist

bərbər
hairdresser

konduktor
conductor

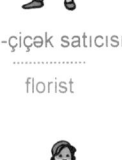

mexanik
mechanic

kapitan
captain

diş həkimi
dentist

alim
scientist

ravvin
rabbi

imam
imam

rahib
monk

keşiş
pastor

alətlər

tools

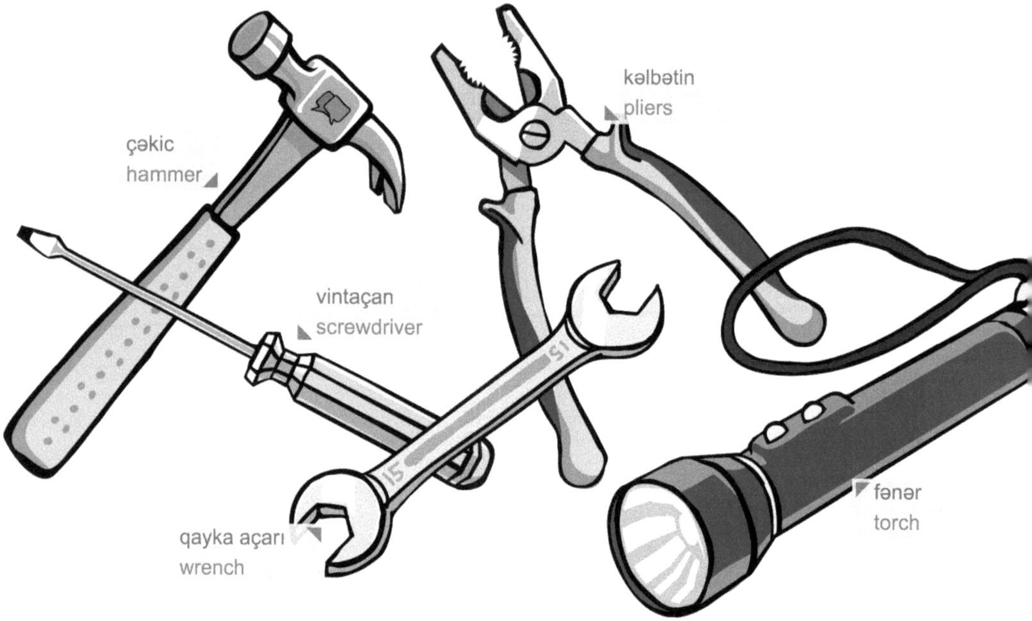

kəlbətin
pliers
çəkic
hammer
vintaçan
screwdriver
fənər
torch
qayka açarı
wrench

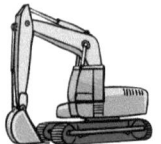

ekskavator

excavator

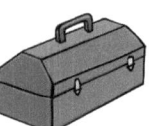

alətlər qutusu

toolbox

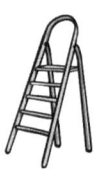

nərdivan

ladder

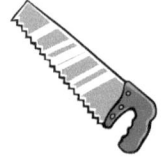

mişar

saw

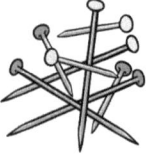

dırnaqlar

nails

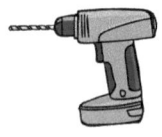

drel

drill

təmir etmək
repair

kürək
shovel

Lənət olsun!
Damn!

xəkəndaz
dustpan

boya vedrəsi
paint can

vintlər
screws

musiqi alətləri
musical instruments

zərb alətləri
drum set

dinamik
loud speaker

gitara
guitar

kontrabas
double bass

trompet
trumpet

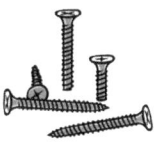

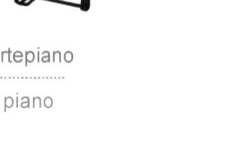

fortepiano
piano

skripka
violin

bas
bass

timpani
timpani

nağara
drums

sintezator
keyboard

saksafon
saxophone

fleyta
flute

mikrofon
microphone

musiqi alətləri - musical instruments

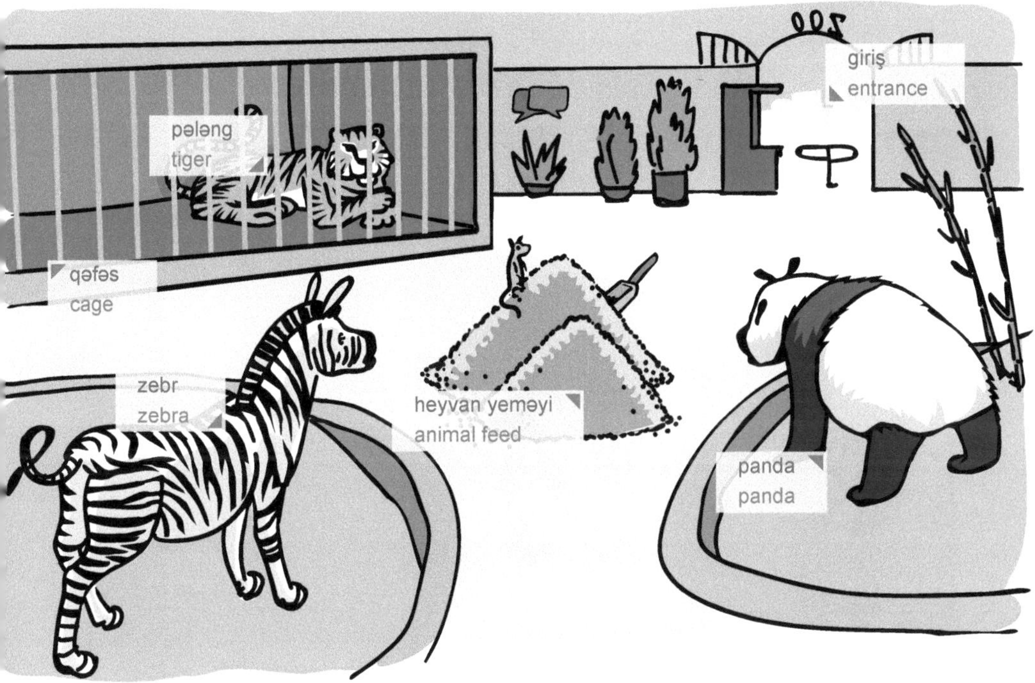

peləng
tiger

qəfəs
cage

zebr
zebra

heyvan yeməyi
animal feed

giriş
entrance

panda
panda

heyvanlar

animals

fil

elephant

kenquru

kangaroo

kərgədan

rhino

qorilla

gorilla

ayı

bear

dəvə
camel

dəvəquşu
ostrich

aslan
lion

meymun
monkey

flamingo
flamingo

tutuquşu
parrot

qütb ayısı
polar bear

pinqvin
penguin

köpəkbalığı
shark

tovuz
peacock

ilan
snake

timsah
crocodile

zoopark işçisi
zookeeper

suiti
seal

yaquar
jaguar

poni
pony

bəbir
leopard

hippopotam
hippo

zürafə
giraffe

qartal
eagle

qaban
boar

balıq
fish

tısbağa
turtle

morj
walrus

tülkü
fox

ceyran
gazelle

amerikan futbolu
American football

velosiped sürmək
cycling

tennis
tennis

basketbol
basketball

üzgüçülük
swimming

boks
boxing

buz xokkeyi
ice hockey

futbol
soccer

badminton
badminton

yüngül atletika
athletics

həndbol
handball

xizək
skiing

polo
polo

fəaliyyət
activities

gülmək
laugh
tullanmaq
jump
qucaqlaşmaq
hug
getmək
walk
oxumaq
sing
yuxu qörmək
dream
dua etmək
pray
öpüşmək
kiss

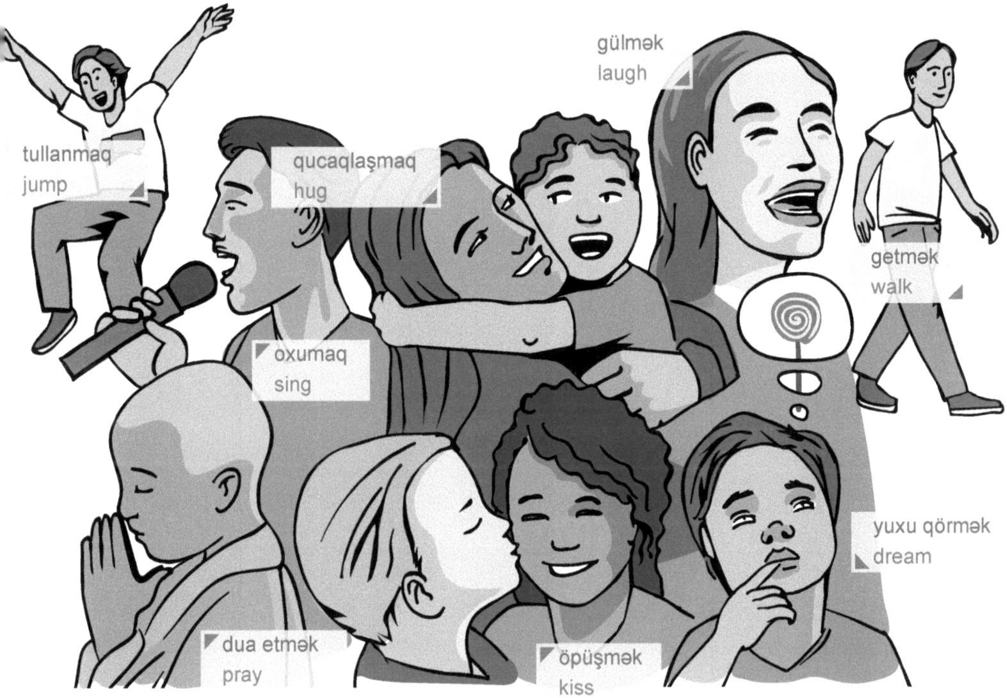

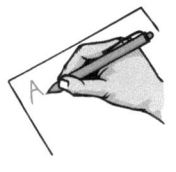

yazmaq

write

çəkmək

draw

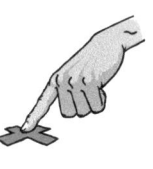

göstərmək

show

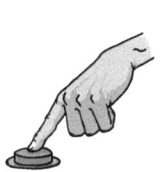

itələmək

push

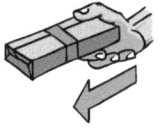

vermək

give

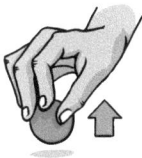

götürmək

take

sahibi olmaq

have

etmək

do

olmaq

be

durmaq

stand

qaçmaq

run

çəkmək

pull

atmaq

throw

düşmək

fall

uzanmaq

lie

gözləmək

wait

daşımaq

carry

oturmaq

sit

geyinmək

get dressed

yatmaq

sleep

ayılmaq

wake up

baxmaq

look at

ağlamaq

cry

sığallamaq

stroke

daramaq

comb

danışmaq

talk

anlamaq

understand

soruşmaq

ask

dinləmək

listen

içmək

drink

yemək

eat

təmizləmək

tidy up

sevmək

love

bişirmək

cook

sürmək

drive

uçmaq

fly

fəaliyyət - activities

üzmək
sail

hesablamaq
calculate

oxumaq
read

öyrənmək
learn

işləmək
work

evlənmək
marry

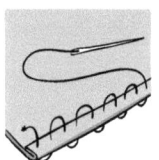

tikmək
sew

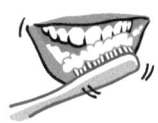

dişləri təmizləmək
brush teeth

öldürmək
kill

siqaret çəkmək
smoke

göndərmək
send

nənə grandmother

baba grandfather

ata father

ana mother

körpə baby

qız daughter

oğul son

qonaq

guest

xala/bibi

aunt

əmi/dayı

uncle

qardaş

brother

bacı

sister

bədən

body

alın
forehead
göz
eye
çiyin
shoulder
barmaq
finger
üz
face
buxaq
chin
əl
hand
ayaq
leg
döş
breast
qol
arm

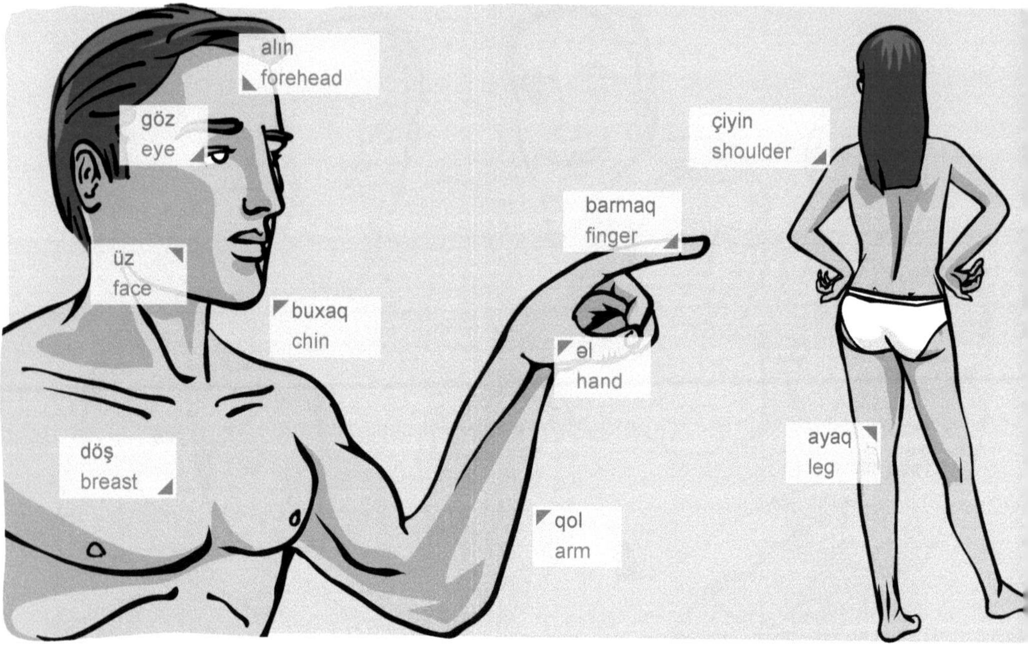

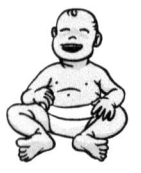

körpə

baby

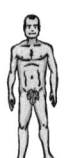

kişi

man

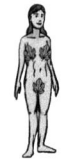

qadın

woman

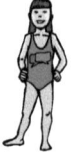

qız

girl

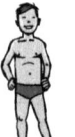

oğlan

boy

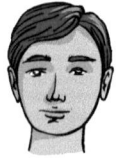

baş

head

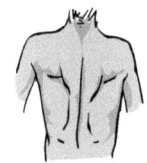

bel
....
back

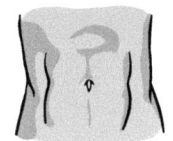

qarın
....
belly

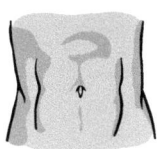

göbək
....
navel

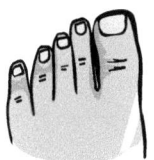

ayaq barmağı
....
toe

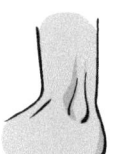

daban
....
heel

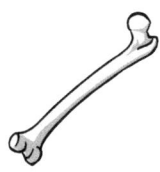

sümük
....
bone

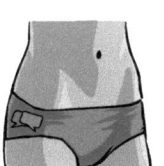

bud
....
hip

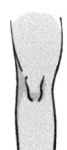

diz
....
knee

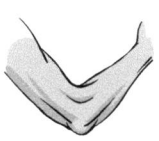

dirsək
....
elbow

burun
....
nose

sağrı
....
buttocks

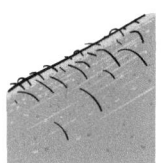

dəri
....
skin

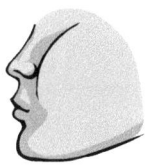

yanaq
....
cheek

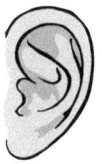

qulaq
....
ear

dodaq
....
lip

ağız

mouth

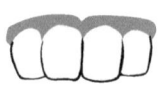

diş

tooth

dil

tongue

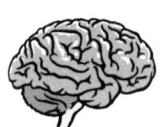

beyin

brain

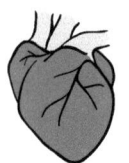

ürək

heart

əzələ

muscle

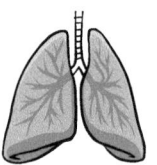

ağciyər

lung

qaraciyər

liver

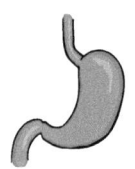

mədə

stomach

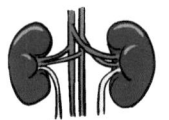

böyrəklər

kidneys

cinsi yaxınlıq

sex

kondom

condom

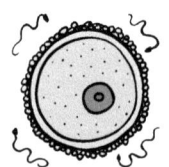

qadın cinsi hüceyrə

ovum

sperma

semen

hamiləlik

pregnancy

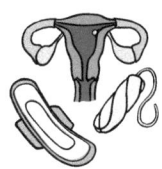

aybaşı

menstruation

vagina

vagina

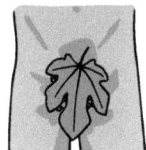

penis

penis

qaş

eyebrow

saç

hair

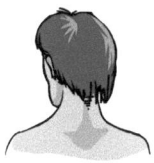

boyun

neck

xəstəxana
hospital

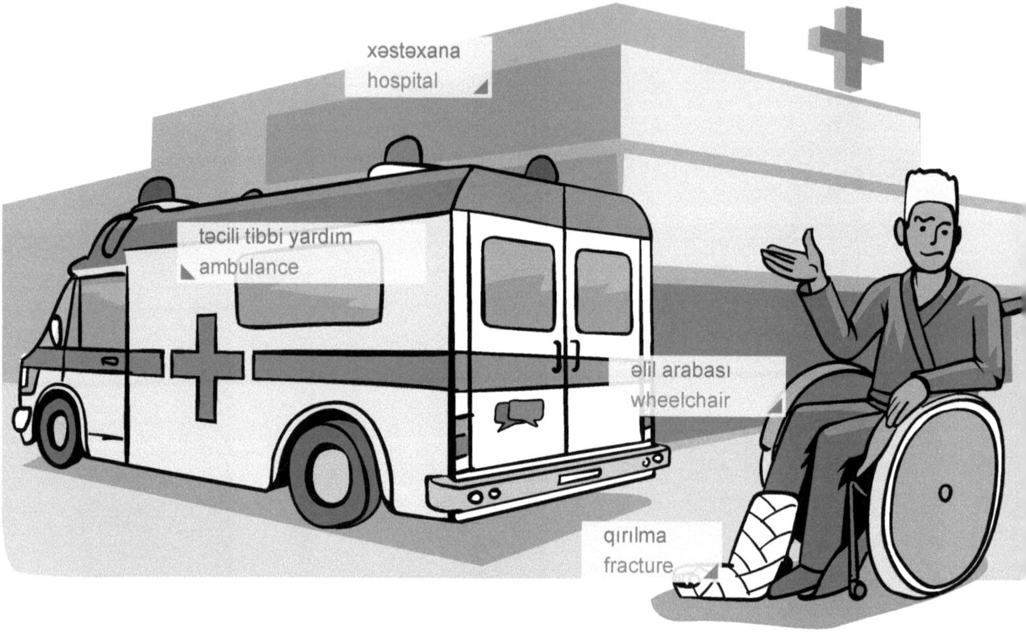

xəstəxana
hospital
təcili tibbi yardım
ambulance
əlil arabası
wheelchair
qırılma
fracture

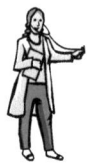

həkim

doctor

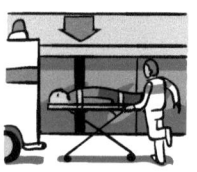

reanimasiya şöbəsi

emergency room

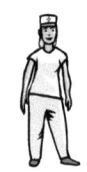

tibb bacısı

nurse

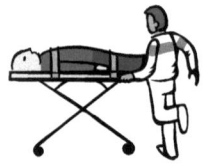

fövqəladə hallar

emergency

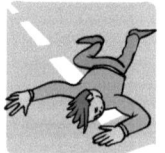

huşunu itirmiş

unconscious

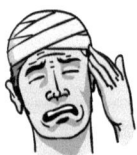

ağrı

pain

zədə

injury

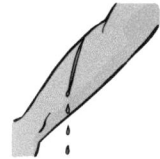

qanaxma

bleeding

infarkt

heart attack

insult

stroke

allergiya

allergy

öskürək

cough

qızdırma

fever

qrip

flu

ishal

diarrhea

başağrısı

headache

xərçəng

cancer

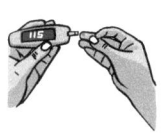

şəkərli diabet

diabetes

cərrah

surgeon

neştər

scalpel

əməliyyat

operation

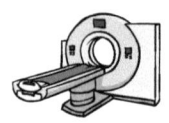

CT

CT

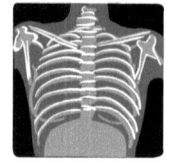

rentgen

x-ray

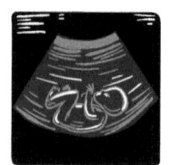

ultrasəs

ultrasound

maska

face mask

xəstəlik

disease

gözləmə otağı

waiting room

qoltuqağacı

crutch

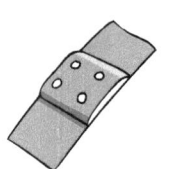

plaster

plaster

sarğı

bandage

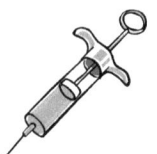

inyeksiya

injection

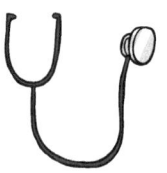

steteskop

stethoscope

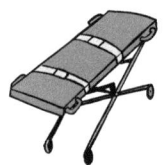

xərək

stretcher

hərarətölçən

clinical thermometer

doğum

birth

çəki artıqlığı

overweight

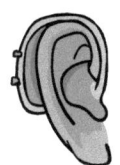

eşitmə aparatı

hearing aid

dezinfeksiyaedici

disinfectant

infeksiya

infection

virus

virus

QİÇS

HIV / AIDS

tibb

medicine

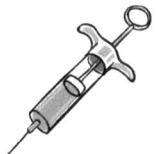

peyvənd

vaccination

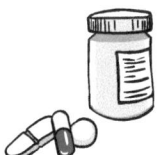

həblər

tablets

həb

pill

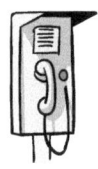

təcili zəng

emergency call

qan təzyiqini ölçmək üçün cihaz

blood pressure monitor

xəstə / sağlam

ill / healthy

Kömək edin! Help!	 həyəcan siqnalı alarm	 basqın assault
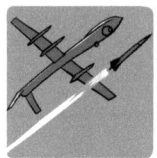 hücum attack	 təhlükə danger	 ehtiyat çıxışı emergency exit
Yanğın! Fire!	 odsöndürən fire extinguisher	 qəza accident
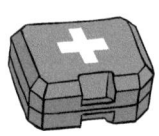 ilkin yardım qutus first-aid kit	 SOS SOS	 polis police

Avropa

Europe

Şimali Amerika

North America

Cənubi Amerika

South America

Afrika

Africa

Asiya

Asia

Avstraliya

Australia

Atlantik

Atlantic

Sakit Okean

Pacific

Hind okeanı

Indian Ocean

Antarktika Okeanı

Antarctic Ocean

Şimal Buzlu okeanı

Arctic Ocean

Şimal qütbü

North pole

Cənub qütbü

South pole

Antarktika

Antarctica

Yer kürəsi

earth

ölkə

land

dəniz

sea

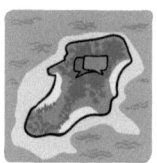

ada

island

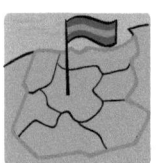

millət

nation

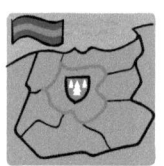

dövlət

state

siferblat

clock face

saat əqrəbi

hour hand

dəqiqə əqrəbi

minute hand

saniyə əqrəbi

second hand

Saat neçədir?

What time is it?

gün

day

vaxt

time

indi

now

rəqəmsal saat

digital watch

dəqiqə

minute

saat

hour

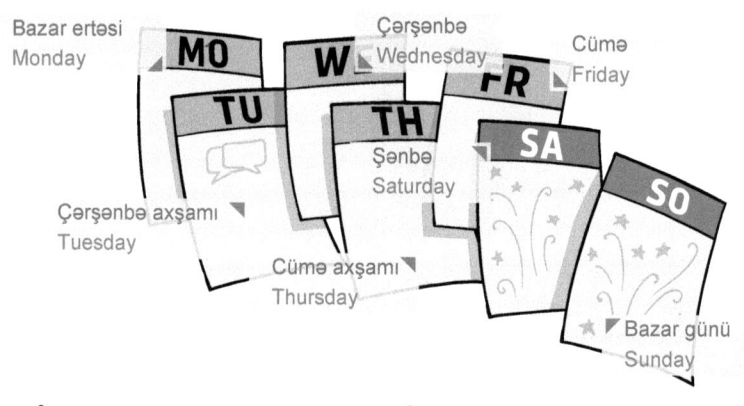

Bazar ertəsi
Monday

Çərşənbə
Wednesday

Cümə
Friday

Çərşənbə axşamı
Tuesday

Şənbə
Saturday

Cümə axşamı
Thursday

Bazar günü
Sunday

dünən

yesterday

bugün

today

sabah

tomorrow

səhər

morning

günorta

noon

axşam

evening

iş günü

workdays

həftə sonu

weekend

yağış
rain

göy qurşağı
rainbow

külək
wind

qar
snow

yaz
spring

yay
summer

payız
fall

qış
winter

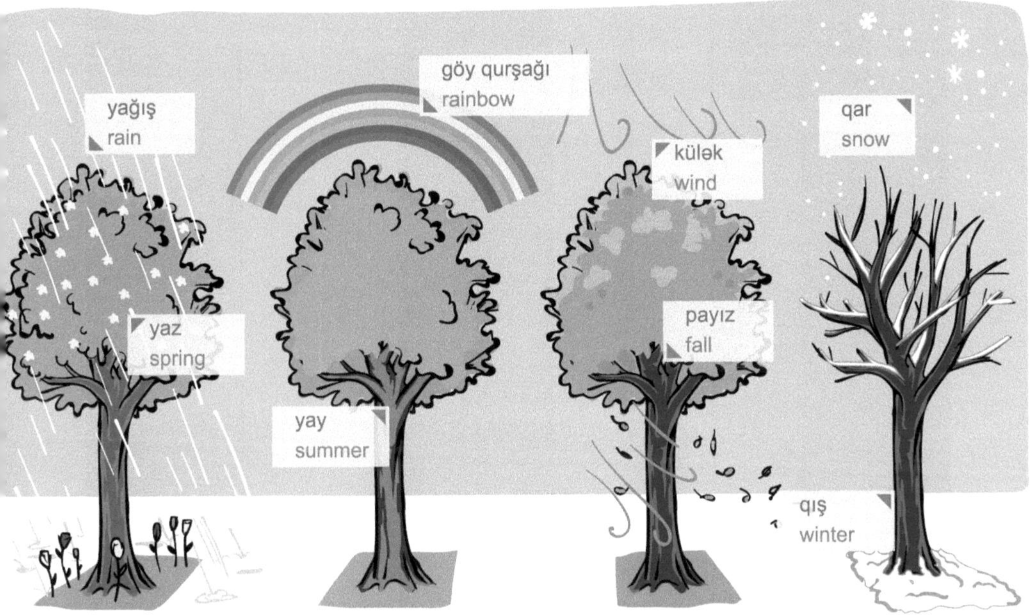

hava proqnozu

weather forecast

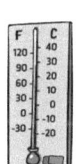

termometr

thermometer

günəş işığı

sunshine

bulud

cloud

duman

fog

rütubət

humidity

ildırım

lightning

göy gurultusu

thunder

fırtına

storm

dolu

hail

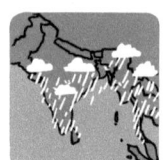

musson

monsoon

daşqın

flood

buz

ice

yanvar

January

fevral

February

mart

March

aprel

April

may

May

iyun

June

iyul

July

avqust

August

il - year

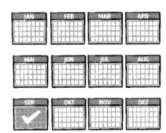

sentyabr

September

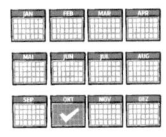

oktyabr

October

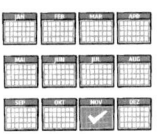

noyabr

November

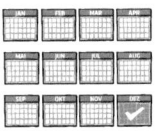

dekabr

December

formalar
shapes

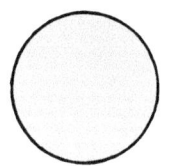

dairə

circle

kvadrat

square

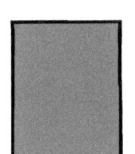

düzbucaqlı

rectangle

üçbucaq

triangle

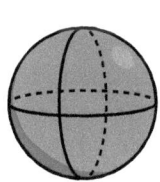

kürə

sphere

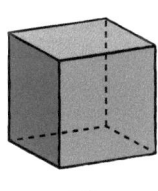

kub

cube

ağ

white

sarı

yellow

narıncı

orange

çəhrayı

pink

qırmızı

red

bənövşəyi

purple

mavi

blue

yaşıl

green

palıdı

brown

boz

gray

qara

black

çox / az

a lot / a little

qeyzli / sakit

angry / calm

yaraşıqlı / eybəcər

beautiful / ugly

başlanğıc / son

beginning / end

böyük / kiçik

big / small

işıqlı / qaranlıq

bright / dark

qardaş / bacı

brother / sister

təmiz / kirli

clean / dirty

tam / natamam

complete / incomplete

gündüz / gecə

day / night

ölü / diri

dead / alive

geniş / dar

wide / narrow

yemeli / yeyilməyən

edible / inedible

hirsli / mehriban

evil / kind

həyəcanlı / bezmiş

excited / bored

kök / arıq

fat / thin

ilk / son

first / last

dost / düşmən

friend / enemy

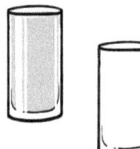

dolu / boş

full / empty

sərt / yumşaq

hard / soft

ağır / yüngül

heavy / light

aclıq / susuzluq

hunger / thirst

xəstə / sağlam

ill / healthy

qanunsuz / qanuni

illegal / legal

ağıllı / axmaq

intelligent / stupid

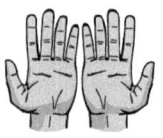

sol / sağ

left / right

yaxın / uzaq

near / far

yeni / istifadə edilmiş

new / used

heç bir şey / bir şey

nothing / something

qoca / gənc

old / young

açma / bağlama

on / off

açıq / bağlı

open / closed

sakit/ bərk

quiet / loud

varlı / kasıb

rich / poor

düzgün / səhv

right / wrong

kobud / hamar

rough / smooth

kədərli / xoşbəxt

sad / happy

qısa / uzun

short / long

yavaş / sürətli

slow / fast

yaş / quru

wet / dry

isti / sərin

warm / cool

müharibə / sülh

war / peace

əksinə - opposites

numbers

0	**1**	**2**
sıfır	bir	iki
zero	one	two

3	**4**	**5**
üç	dörd	beş
three	four	five

6	**7**	**8**
altı	yeddi	səkkiz
six	seven	eight

9	**10**	**11**
doqquz	on	on bir
nine	ten	eleven

12

on iki

twelve

13

on üç

thirteen

14

on dörd

fourteen

15

on beş

fifteen

16

on altı

sixteen

17

on yeddi

seventeen

18

on səkkiz

eighteen

19

on doqquz

nineteen

20

iyirmi

twenty

100

yüz

hundred

1.000

min

thousand

1.000.000

milyon

million

İngilis dili

English

İngilis dilinin amerikan
variantı

American English

Çin dilinin Mandarin dialekti

Chinese Mandarin

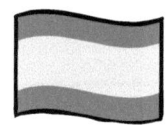

Hind dili

Hindi

İspan dili

Spanish

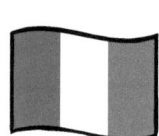

Fransız dili

French

Ərəb dili

Arabic

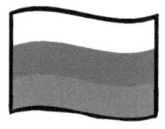

Rus dili

Russian

Portuqal dili

Portuguese

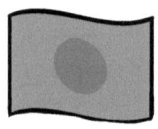

Benqal dili

Bengali

Alman dili

German

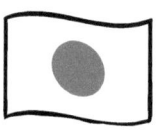

Yapon dili

Japanese

mən

I

sən

you

o / o / o

he / she / it

biz

we

siz

you

onlar

they

kim?

who?

nə?

what?

necə?

how?

harada?

where?

nə zaman?

when?

ad

name

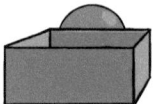

arxadan

behind

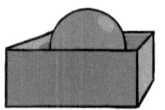

içində

in

qarşısında

in front of

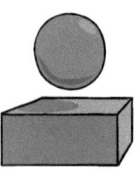

üzərində

over

dair

on

altında

under

yanaşı

beside

arasında

between

yer

place